AF438285

LA PLUS

GRANDE QUESTION

DU XIXe SIÈCLE

PAR

J.-B^{te} LAMBERT

Prix : **0** fr. **60** centimes.

1879

LA PLUS

GRANDE QUESTION

DU XIXE SIÈCLE

PAR

J.-B^{te} LAMBERT

———

Prix : **0** fr. **60** centimes.

———

—

1879

Wassy. — Imp. et Lith. de Ve J. Guillemin.

LA PLUS GRANDE QUESTION

DU XIXe SIÈCLE.

La France, depuis bientôt dix ans, s'est, pour la troisième fois, constituée en République ; son but, en substituant le régime républicain au régime monarchique, a toujours été d'établir un gouvernement juste, exempt de privilèges et d'exactions de la part des classes dirigeantes, satellites des gouvernements monarchiques, qui les soutiennent et exploitent sans merci, et d'un commun accord, la masse ignorante des travailleurs.

Après une guerre horrible, sans précédents dans l'histoire, ce long et épouvantable cauchemar de plus de sept années, duquel la France vient enfin de sortir et où apparaissaient tour à tour ces différentes sortes de monarchistes, ambitieux effrénés et sans vergogne, espèces de vampires humains qui vivent par la sueur et le sang du peuple, ce cauchemar s'est en grande partie dissipé et sa disparition va enfin laisser au pays, sinon toute sa liberté d'action (les partis monarchiques n'étant pas complètement vaincus), au moins un cercle de libertés assez large qui lui permettra d'établir des lois foncièrement démocratiques, en rapport avec la forme de gouvernement pour laquelle il a toujours lutté et qui seule peut lui donner une sécurité et une prospérité sérieuses et durables.

L'ignorance dans laquelle le peuple a toujours été tenu, les compressions de toutes sortes des idées qui doivent éclairer l'humanité, ont fait que jusqu'alors, malgré le renversement de toutes les dynasties qui ont eu l'audace de s'imposer au peuple français, les révolutions n'ont pu encore détruire tout le mal des anciens régimes et créer des institutions justes et inébranlables, donnant satisfaction à tous les hommes sincères et loyaux.

La République démocratique seule, ayant à sa tête des hommes imbus de ses principes, peut répondre à cet idéal, parce que la République démocratique implique le droit et le devoir, pour tous, de travailler sérieusement et loyalement à l'amélioration de la société tout entière, tant au point de vue matériel qu'au point de vue intellectuel et moral, et est exclusive de tout privilège.

Mais la République n'est qu'une forme, une institution politique qui, contrairement aux autres gouvernements, autorise, permet, incite même à faire toutes les recherches qui peuvent conduire les nations à un avenir meilleur au moyen d'institutions sociales spéciales.

La République, on peut l'affirmer sans ostentation, est maintenant solidement établie en France, parce qu'après les épouvantables expériences que les Français viennent de faire encore de la monarchie dans ces dernières années, tout homme sensé et impartial est convaincu qu'il n'y a qu'elle qui peut donner le plus de sécurité, et qui seule même peut en donner à la nation française.

Les castes ou classes dirigeantes n'en veulent pas, n'en voudront jamais ; elles n'ont jamais voulu, elles ne voudront jamais d'un gouvernement juste ; mais la grande masse du peuple, la grande masse des travailleurs la demandent énergiquement aujourd'hui, et ce qu'un peuple veut fermement, il l'obtient toujours, parce qu'il ne veut jamais rien que de juste. Du reste, en démocratie, c'est bien lui, le peuple, qui gouverne quoique indirectement.

Une fois la forme républicaine solidement établie en France, il s'agit d'y introduire les innovations nécessaires et impérieuses qui en découlent.

La plus grande question des temps modernes, la plus grande question du XIXe siècle et qui est à l'ordre du jour de tous les peuples, est celle-ci :

Répartition intégrale et proportionnelle des produits aux éléments producteurs, suivant la part qu'ils prennent chacun particulièrement à la création des produits, ce qui s'est toujours traduit dans tous les temps pour les travailleurs insuffisamment rémunérés en une réclamation d'augmentation de salaire.

Le salaire infime qu'ont toujours donné les gouvernements monarchiques était donné non pour vivre, mais pour ne pas mourir.

Sous tous les régimes précédents et à toutes les époques, les classes dirigeantes et exploitantes n'ont jamais eu, en matière d'économie sociale, qu'un seul but : faire que le produit du travail arrive dans leurs caisses dans la plus grande proportion possible, sans s'occuper en aucune façon s'ils jetaient les travailleurs dans une profonde détresse. Quant aux moyens, tous étaient bons : si le peuple se laissait bénévolement voler et exploiter sans sourciller, on le laissait *croupir* dans sa misère ; s'il se révoltait ou s'il protestait seulement contre les déprédations et le cynisme des classes dirigeantes, on le provoquait, on l'attirait dans la rue et on le mitraillait : telle est en quelques mots l'histoire du passé considéré au point de vue de la lutte des travailleurs avec le parasitisme des classes dirigeantes.

Nous croyons fermement que ces iniquités sont près de toucher à leur fin, au moins en ce qui concerne la France, et que le travailleur, le producteur sans lequel il n'y a pas de société possible, n'est pas loin d'arriver au terme de ses maux et que ses labeurs auront bientôt la juste récompense qui leur est due ; cependant, cela ne veut pas dire, et il ne faut pas croire, qu'immédiatement après l'établissement d'un gouvernement qui porte dans ses flancs

la justice distributive et absolue dans la plus forte
acception du mot, il soit possible à une nation de
détruire instantanément tous les vices et d'y faire
fleurir toutes les vertus qui ne peuvent être l'apa-
nage que des nations très instruites et très civili-
sées. Il faut tenir un grand compte des vices
enracinés et des erreurs profondes que la génération
présente a reçus en héritage des générations anté-
rieures ; et puis l'humanité, la réunion de toutes les
nations ne marche certainement pas d'une même
allure vers un avenir meilleur. Celles qui sont
apathiques, sans énergie, subissent fatalement plus
longtemps le joug du despotisme : quelques-unes
d'entre elles ont le glorieux et terrible privilège
d'éclairer la marche en expérimentant les premières
les idées nouvelles.

En Europe, dans les temps modernes, c'est la
France à qui paraît incomber ce formidable privilège, même encore après son immense désastre de
1870 ; c'est elle qui a le plus lutté, le plus fait pour
asseoir ses institutions sur des bases justes et con-
formes aux grands intérêts de l'humanité. Si elle
ne tient pas encore en ses mains la solution des
grands problèmes sociaux, tout porte à croire qu'elle
en est proche, et qu'avec sa persévérance habituelle
et énergique, elle arrivera bientôt au but si longtemps désiré.

Il y a en ce moment, nous le répétons, une
grande question à l'ordre du jour de tous les peu-

ples, et c'est de celle-là seulement que nous voulons nous occuper ici. Depuis longtemps déjà elle se manifeste ostensiblement et énergiquement, principalement par les grèves et aussi, depuis qu'il y a un peu plus de liberté en France, par des réunions de loin en loin des délégués de tous les travailleurs. Posée et discutée d'abord par les écrivains et les orateurs des XVIIIe et XIXe siècles, et continuée aujourd'hui par tous les hommes de labeur eux-mêmes, qu'elle intéresse au plus haut degré, qui leur est spéciale, car il s'agit de leur avenir et par conséquent de celui de leur famille, cette question, c'est la répartition équitable des produits entre les éléments producteurs, ou en d'autres termes, cette répartition entre le travail et le capital, problème qui a fait des victimes par milliards depuis l'établissement odieux et épouvantable de l'esclavage corporel jusqu'aujourd'hui où le travailleur, l'homme de labeur, a bien à lui la propriété de son corps, mais dont les facultés sont à la merci de ceux qui l'exploitent.

La majorité des travailleurs est incontestablement à demi-esclave, ayant rarement le moyen de se servir pour elle-même de ses facultés physiques et intellectuelles.

C'est cet esclavage qu'il s'agit d'extirper de la société moderne.

La première République française a donné le branle pour la destruction de l'esclavage corporel

dans le monde entier ; la seconde ayant été, dès
son berceau, égorgée par l'un des plus grands scé-
lérats dont l'humanité ait à jamais eu à subir les
outrages, c'est à la troisième à continuer l'œuvre
de la première, en supprimant l'esclavage des
facultés intellectuelles et physiques du travailleur.

Après la révolution de 1830, lorsque la bour-
geoisie industrielle et commerçante eut renversé la
monarchie légitimiste et cléricale, elle la remplaça
par une autre monarchie faite à son image, ayant
les mêmes intérêts égoïstes et les mêmes passions ;
celle-ci, contrairement à la précédente qui ne voulait d'aucun progrès, pas plus en industrie qu'en
politique, disant comme Pie IX, en parlant des chemins de fer, que « les grandes inventions étaient
des inventions du diable », cette monarchie, à ce
moment, eut l'esprit de son temps et sut compren-
dre, dans une certaine mesure, les besoins d'alors
en aidant de toutes ses forces la nouvelle couche
sociale qui arrivait au pouvoir.

La partie la plus active de la nation, la plus in-
trigante et aussi la plus intelligente, et au profit de
laquelle venait de se faire la révolution, voulait que
l'on donnât une grande impulsion au travail, pour
augmenter, disait-elle, la richesse et le bien-être
du pays, mais en réalité plutôt pour s'enrichir seule
en exploitant la masse des travailleurs.

Ces nouvelles classes dirigeantes, ces nouvelles

couches sociales qui étaient relativement pauvres et dont les capitaux étaient bien insuffisants pour l'activité qu'elles voulaient imprimer aux affaires, eurent l'heureuse idée (pour elles, bien entendu), d'avoir recours au crédit et à l'intervention de l'État qui leur prêta ou leur fit prêter de nombreux millions, lesquels décuplèrent bien vite entre les mains d'hommes actifs et intelligents. C'est de cette époque que date, en France, le grand mouvement industriel.

Voilà un exemple frappant et indispensable à suivre ; c'est déjà un des moyens que la République démocratique doit employer pour les travailleurs intelligents et laborieux qui se seront formés sérieusement en association, comme le gouvernement de la monarchie bourgeoise protégea et soutint les associations des petits capitalistes en 1830.

Malgré son importance, ce moyen est bien insuffisant, quant à présent du moins, pour répondre aux besoins du travailleur dont le salaire est tellement minime qu'il gagne à peine de quoi vivre, et d'autant plus que ce moyen ne peut être appliqué que dans des proportions fort restreintes, les travailleurs *manuels* n'étant prêts que pour un très petit nombre de s'organiser en sociétés de producteurs ; aussi, ne considérons-nous cette question que comme secondaire, quoique cependant d'une grande importance, et nous disons que ce sera une de celles pour lesquelles les électeurs devront faire prendre des engagements catégoriques dans toutes les élections à ceux qui brigueront l'honneur de les représenter.

La plus grande question pour le peuple, pour la masse des travailleurs, aussi bien pour les nombreux petits employés de l'Etat, des départements et des communes que pour les autres, et qui est la plus grande question du siècle, est celle-ci :

Augmentation de salaire, jusqu'à ce que le travailleur acquiert par son travail une rémunération qui lui permette de vivre dans une aisance relative et d'amasser pour le moment de sa vieillesse.

La science de l'économie sociale et la pratique des affaires doivent ensemble en donner la solution.

Qu'est-ce donc que la science, considérée à un point de vue général?

C'est la connaissance exacte, certaine des résultats produits par la combinaison d'éléments ou de matières de différentes natures.

Qu'est-ce que la pratique des affaires?

C'est la connaissance profonde, sérieuse, moins positive cependant que la première, parce qu'elle est souvent subordonnée à des éventualités au-dessus de la prévision humaine ; c'est la connaissance, par l'expérience des faits, des conséquences qui peuvent advenir suivant l'impulsion plus ou moins rapide qu'on veut donner, soit à un instrument matériel : voiture, locomotive, exploitation d'une industrie, d'une maison de commerce, etc., soit à un objet immatériel, comme par exemple, vouloir inculquer trop promptement, trop rapidement aux enfants et aux adultes les connaissances des hommes.

Dans le premier cas, si l'on pousse une voiture ou une locomotive avec trop de rapidité, ne pouvant plus être maître de leur direction, on s'expose à les culbuter en les faisant dévier de leur voie ; une maison de commerce ou une industrie qui veulent aller trop vite, qui créent ou qui achètent plus de produits qu'elles n'en peuvent débiter, sont promptement ruinées si elles ne cessent l'une l'exagération de ses productions, l'autre l'excès de ses acquisitions.

Dans le second cas, si l'on force outre nature le travail des jeunes intelligences, le cerveau s'affaiblit, s'oblitère promptement et fait perdre à l'individu une grande partie de ses facultés intellectuelles.

La science de l'économie sociale est la science qui a pour objet la production et la répartition intégrale de cette production entre le producteur, le travailleur et le capitaliste, parce qu'il existe deux éléments dont la combinaison est indispensable pour créer peu importe quels produits.

Ces deux éléments sont le travail et le capital.

Le capital, c'est tous les objets de la nature : matériaux, minéraux, végétaux, animaux, fluides, etc., mis par la nature à la disposition de l'homme, pour consommer, produire, reconsommer et reproduire successivement, afin de subvenir aux besoins de l'espèce humaine.

Le travail est la faculté, innée chez l'homme, de se procurer, de dompter, de pétrir, par l'emploi de son intelligence et de sa force, toutes les matières diverses composant l'élément nommé capital et de les approprier à ses besoins.

En politique, une nation peut transformer ses institutions de fond en comble presque instantanément; elle peut passer de la monarchie la plus absolue, la plus tyrannique, à la république démocratique la plus radicale, suivant qu'elle a à sa tête des hommes intelligents, énergiques et dévoués. On l'a vu à la première révolution française, parce que ses lois politiques n'ont que des rapports indirects avec celles des autres nations; elle peut posséder à cet égard toute son autonomie.

Il n'en est pas de même en économie sociale; l'échange des produits, le commerce international est si considérable aujourd'hui, que chaque nation est obligée de tenir compte des conditions d'après lesquelles ses voisines produisent pour se maintenir à la hauteur de la concurrence que toutes se font entre elles et ne peut par conséquent s'écarter beaucoup de leurs lois économiques. Si donc, une nation dont le gouvernement serait possédé des meilleurs sentiments envers la classe laborieuse voulait mettre à exécution de grandes innovations, augmenter, par exemple, dans de grandes proportions la rémunération du travail sans que cette augmentation fût suivie par les autres nations, les produits qui sont l'objet du commerce d'exportation revenant à un prix plus élevé que leurs similaires étrangers, n'auraient plus aucun débouché, les industries de ces produits seraient obligées de cesser la lutte et fatalement de s'expatrier, et elles enlèveraient à cette nation une force proportionnelle de production, de travail, égale aux capitaux expatriés ; à cause des traités de commerce, cet effet se produirait même encore pour les industries dont les produits ne sont consommés que dans l'intérieur du pays et qui pourraient avoir des concurrents étrangers par des industries similaires.

S'il y a donc nécessité impérieuse d'améliorer le sort des classes laborieuses par une augmentation de salaire, et cette nécessité se fera de plus en plus sentir tant que les travailleurs n'auront pas acquis tous leurs droits de rémunération de travail, le meilleur des gouvernements ne peut le faire que graduellement, à cause des obstacles qu'il est sûr de rencontrer de la part des ennemis du peuple, obstacles qui sont aussi souvent le fruit de l'ignorance que celui de la haine.

La France aujourd'hui, après toutes les humiliations et tous les malheurs que lui ont causés toutes les monarchies qui l'ont gouvernée, ne peut être bien administrée que par une république démocratique et sociale ; la première qualification ne correspond purement et simplement qu'à une idée, à un mouvement seulement politique, mais n'implique en aucune façon les institutions nouvelles qui depuis longtemps sont exprimées et réclamées par tous les hommes de progrès.

La seconde qualification, au contraire, indique péremptoirement ce mouvement économique, qui, plus que jamais pousse la société moderne à réunir en faisceau toutes ses forces créatrices pour de plus grands efforts de production ; de là, la synthèse de l'idée : le socialisme, lequel n'est autre chose que la plus grande extension possible laissée au principe d'association.

Le socialisme existe inconsciemment dans le monde, depuis les temps les plus reculés : Dans l'enfance de l'humanité, lorsque les deux premiers hommes associèrent leurs forces musculaires pour détruire un obstacle qu'un seul d'entre eux n'eût pu vaincre, ils firent du socialisme : c'était du socialisme du travail. Lorsque dix, vingt, cent se réunirent dans les mêmes conditions pour détruire un obstacle plus considérable, c'était toujours du socialisme du travail ; plus tard, et de nos jours, lorsqu'une masse considérable réunit non plus ses forces musculaires qui alors sont jugées impuissantes devant ses formidables projets, mais toutes ses forces intellectuelles, capitalisées au moyen d'instruments de travail, c'est alors du socialisme du capital, lequel, il est vrai, est bien supérieur au premier, mais n'exprime pas encore le degré auquel il tend fatalement et inévitablement; encore un petit effort, et la société aura atteint en principe d'abord la force qui lui est nécessaire pour arriver au but qu'elle se propose.

Il lui faut maintenant le socialisme du travail et du capital.

Les travailleurs français ont, depuis longtemps déjà, formulé leurs besoins et leurs droits qui sont aussi les besoins et les droits des autres peuples, dont les réclamations ne sont pas moins pressantes : en première ligne, l'augmentation de la rémunération de leurs labeurs ou augmentation de salaire pour le fruit de leur travail, et comme conséquence, la liberté de la presse, le droit de réunion et d'association pour pouvoir exposer et discuter toutes les idées se rapportant à leurs réclamations, afin de n'admettre que celles qui sont reconnues les plus justes et les plus pratiques. Dans tous les cas, l'idée sur laquelle tous les travailleurs de tous les pays sont d'accord, c'est la nécessité et la justice de l'augmentation des salaires, qui seule peut détruire le reste d'esclavage que les classes dirigeantes, de funeste mémoire, ont légué à la génération actuelle.

Le peuple français, d'après la Constitution, a de temps en temps à renouveler l'assemblée des représentants du pays, chargée de soutenir les intérêts généraux de la nation ; il faut dorénavant qu'il exige des candidats avant leur nomination, pour ne plus être trompé, certaines promesses de lois qui soient de nature *à améliorer immédiatement sa position dans la mesure du possible et jusqu'à ce qu'il ait acquis tous ses droits sans restriction.*

L'exigence du principe de l'augmentation des salaires et son application est donc la plus importante des lois que les mandants devront exiger de leurs mandataires ; ce n'est pas seulement une question française, c'est une question européenne, universelle même ; c'est, nous le répétons, la plus grande question du XIXᵉ siècle, et il faut encore que ce soit la France qui en prenne l'initiative, elle le doit, parce que c'est elle qui, en Europe, se trouve dans les meilleures conditions économiques.

Voyons maintenant comment cela peut se passer dans la pratique.

On a répété à satiété et sur tous les tons que sur cette question le gouvernement ne peut rien, que cela est en dehors de ses droits, par conséquent de ses attributions ; nous avons montré plus haut ce que le gouvernement bourgeois de Louis-Philippe a fait au commencement de son règne pour ses partisans ; voilà déjà, ce nous semble, une réfutation incontestable des objections qui peuvent se produire dans cet ordre de faits. Nous voulons bien admettre, et personne ne peut s'y refuser, qu'il est impossible à un gouvernement de s'immiscer directement dans l'industrie privée quant à la question d'augmentation des salaires ; mais pour ceux de ses fonctionnaires infimes qui ne gagnent pas plus que le commun des martyrs, mais les travaux publics du gouvernement, des départements et des communes, mais les industries subventionnées par l'État ou pour lesquelles l'État garantit un minimum d'intérêt pour les capitaux engagés, telles que certains chemins de fer, mais celles qui sont dirigées par ses fonctionnaires, telles que fabriques d'armes, manufactures de tabac et autres, etc., le gouvernement ne pourrait-il chaque année, en allant avec la plus grande prudence, augmenter de 4 à 5 p. o/o le salaire de tous ceux de ses employés qui gagnent à peine de quoi vivre ? Ne pourrait-il insérer dans les cahiers des charges des travaux publics que chaque année les prix seront augmentés de 4 ou 5 p. o/o, afin que les entrepreneurs de ces travaux augmentassent de 4 ou 5 p. o/o la rémunération des travailleurs qui sont à leur service ?

Quant aux compagnies de chemins de fer qui sont subventionnées par l'État et qui ne font pas leurs frais, elles resteraient dans le *statu quo* jusqu'à nouvel ordre.

Oui ! un gouvernement démocratique peut faire cela et il doit le faire.

Il en résulterait nécessairement une demande d'augmentation de salaire dans toutes les industries dans cette proportion, et que les chefs d'industrie seraient forcés d'accorder ; mais bientôt tous les peuples qui en sont là, voyant la France prendre l'initiative, insisteraient dans leurs réclamations et obtiendraient sans aucun doute satisfaction ; alors, les chefs d'industrie pourraient augmenter et augmenteraient les prix de leurs produits dans cette proportion aussi, mais en réalité ce serait le prix du travail seul qui augmenterait, le bénéfice de presque toutes les industries qui certainement est grand, on le voit par l'accroissement constant de la richesse en France, se maintiendrait le même par le fait de la concurrence. Or, comme le travail et le capital se partagent par moitié le coût et la valeur des produits, le capital n'ayant pas un plus grand bénéfice, le travailleur dépenserait en plus 2 ou 2 1/2 p. o/o après avoir reçu 4 ou 5 p. o/o, son bénéfice réel serait donc de 2 ou 2 1/2 p. o/o pour les travailleurs restant journaliers.

Cette augmentation de 4 p. o/o ne laissant qu'un bénéfice réel de 2 p. o/o, cela est très minime, dira-t-on, cela est vrai ; mais nous ne croyons pas qu'il soit possible de faire plus instantanément. Avec la rapidité de succession des années, cet accroissement aurait bien vite décuplé.

Quelques objections sérieuses peuvent être présentées par certains chefs d'industrie sur l'augmentation du salaire pour leurs ouvriers ; évidemment on doit admettre qu'un nombre quelconque d'industries peuvent ne pas être en voie de prospérité et que la moindre augmentation du salaire de leurs ouvriers les pousseraient fatalement à la ruine ; il peut même y avoir quelquefois lieu à une diminution forcée du travail manuel, comme aussi un chef d'industrie, de mauvaise foi, peut invoquer cette circonstance alors même qu'elle n'existe pas ; dans ce cas, si une diminution de salaire était indispensable, sous peine de fermeture forcée d'un établissement, il faudrait, dans l'intérêt même dudit établissement, après avoir été obligé de diminuer le salaire quotidien, promettre une certaine part aux travailleurs dans les bénéfices de l'industrie, si toutefois bénéfices il y avait, quelque faibles qu'ils soient, pour remplacer la diminution du salaire journalier, intéresser ces travailleurs à la prospérité de la maison, provoquer leur émulation en les faisant associés, nous affirmons que ce serait le moyen le plus énergique de relever une industrie ou une maison qui serait en décadence.

Sous le système du salariat, les travailleurs n'ont qu'un intérêt très relatif à la prospérité de l'industrie pour laquelle ils travaillent ; il n'en serait pas de même s'ils étaient intéressés dans la production en une part dans les bénéfices ; dans ce dernier cas, ils donneraient toute leur intelligence et toute leur activité et fort souvent feraient faire des progrès marquants par l'invention d'un accessoire d'outillage plus expéditif et plus économique que ce qui est connu jusqu'alors ; les maisons qui feraient cela auraient certainement des chances de réussite que n'auraient pas les autres, moins d'appréhension, partant plus.de tranquillité et de sécurité.

En général, les ouvriers travaillant aux pièces gagnent 15, 20, 25 p. o/o de plus qu'en travaillant à la journée ou à l'heure ; donc, en leur donnant une part quelconque dans les bénéfices, on serait sûr de regagner et au-delà cette augmentation de salaire.

Il faut que les chefs d'industrie qui sont républicains et il y en a beaucoup aujourd'hui, il n'y a pas à en douter, prouvent leurs bonnes intentions d'améliorer le sort de leurs ouvriers en faisant les premières avances, c'est là un de leurs sérieux devoirs ; les travailleurs ne manqueront certainement pas de donner toute l'activité, tout le zèle dont ils sont capables pour faire produire le plus possible : leur intérêt en est un sûr garant.

Étant démontrée la nécessité, l'urgence même d'augmenter le salaire, toutes les industries ne peuvent pas le faire au moyen d'une participation aux bénéfices ; certaines industries, les petites surtout, et qui n'occupent un certain nombre d'ouvriers que temporairement, dont le personnel change par conséquent très souvent et qui sont la plupart du temps obligées de faire un très long crédit, parfois des années, ne pourraient avoir que difficilement une organisation régulière ; ces industries ne pourraient donc donner une part dans les bénéfices, lesquels sont le plus souvent très problématiques ; les patrons de ces industries sont ouvriers eux-mêmes et ne gagnent guère plus, quand ils gagnent plus, que leurs ouvriers : ils ne pourraient augmenter que directement le salaire des quelques ouvriers qu'ils emploient de temps en temps en faisant payer plus cher leur travail à eux.

Il y a donc deux moyens d'augmenter le salaire des travailleurs :

1° Directement en augmentant de tant pour cent le prix du travail quotidien ; 2° indirectement en donnant une part de tant pour cent dans les bénéfices et sans augmenter le prix du travail quotidien.

Il faut que le gouvernement républicain donne l'exemple en augmentant d'au moins 4 p. o/o la première année, la rémunération de tous ses employés qui gagnent moins de 2,000 francs, à quelque genre de travail qu'ils appartiennent, jusqu'à ce que cette rémunération atteigne annuellement un minimum de deux mille francs pour tous ceux qui sont dans la force de l'âge, somme indispensablement nécessaire pour que le travailleur ne soit pas obligé de vivre constamment de privations et qu'il puisse s'amasser un petit pécule pour sa vieillesse ; deux mille francs dans ces conditions économiques nouvelles équivaudraient à peu près à quinze ou seize cents francs d'aujourd'hui.

Pour conserver la proportionnalité différentielle des émoluments des employés de l'État, basée sur

les services plus ou moins grands que ces employés
lui rendent d'après le degré d'instruction et de
connaissances qu'ils possèdent et qu'ils utilisent, il
y aurait lieu d'augmenter aussi les appointements
entre deux et trois mille francs, mais dans des proportions moindres, par exemple 2 p. o/o ; là devrait
s'arrêter le mouvement ascensionnel des salaires
qui finiraient par devenir suffisamment rémunérateurs.

Cette augmentation devrait se continuer chaque
année, dans une proportion plus ou moins grande,
suivant les ressources du budget ; d'ailleurs, les
budgets des recettes augmentent chaque année dans
d'assez vastes proportions (60 à 80 millions sous
l'empire ; 1879 fait espérer 120 millions) pour per-
mettre au gouvernement d'en attribuer 30 ou 40 et
même davantage à accroître la rémunération de ses
employés et travailleurs de toutes sortes.

Le pays a d'immenses dettes, d'énormes charges
qui lui ont été léguées par les gouvernements monarchiques, il ne faut les oublier ni les uns ni les
autres, il faut liquider les premières et se rappeler
longtemps encore de ceux qui les ont faites ; mais
il ne faut pas non plus que la République oublie les
siennes pour payer celles des autres : celle qu'elle
doit à ses enfants ne doit pas être moins sacrée !

Un père et une mère de famille qui laisseraient
leurs enfants manquer du nécessaire pour s'acquit-
ter plus promptement d'une acquisition quelconque,

seraient coupables de la plus grande inhumanité et feraient preuve de la plus médiocre des intelligences.

La France a trois énormes dettes dont elle a besoin de s'affranchir le plus promptement possible, mais il faut que son gouvernement les éteigne simultanément, s'il ne veut être taxé d'incapacité ou de perfidie :

1° Emprunts de 25 milliards pour solder les dettes des monarchies déchues ;

2° Diminution graduelle des impôts nécessités par ces emprunts ;

3° Juste rémunération du travail de ses enfants.

La diminution des deux premières fonctionne déjà avec satisfaction, l'une par la réduction des impôts, l'autre au moyen de la caisse d'amortissement ; il n'est pas moins urgent d'en faire de même pour la troisième.

120 millions d'excédant de recettes sur les prévisions du budget, 30 millions en chiffres ronds de la conversion des derniers emprunts, conversion qui ne peut tarder à se réaliser, ensemble 150 millions qu'on peut destiner à la diminution des impôts et à l'accroissement des salaires seulement, la caisse d'amortissement des emprunts devant fonctionner avec d'autres ressources prévues : voilà ce que le gouvernement de la République peut faire et doit faire.

En dehors de cela, nous ne croyons pas qu'un

gouvernement ou qu'une nation puisse impunément, pour la prospérité des industries de son pays, aller d'un pas plus rapide quant à l'augmentation de salaires quotidiens ; et, d'un autre côté, bien que nous soyons convaincus que la participation des travailleurs aux bénéfices de la vente des produits doive donner des résultats considérables, il ne faut pas perdre de vue la concurrence que pourraient avoir à supporter les industries nationales avec les industries étrangères similaires sur les marchés étrangers et même sur le nôtre, et qu'en France le commerce d'exportation représente presque le quart de la production générale.

Le moyen qui assurément produirait par la suite les plus grands résultats, au point de vue de la richesse et du bien-être national, serait indubitablement la garantie par l'Etat d'emprunts financiers contractés par des associations sérieuses de travailleurs qui auraient préalablement à fournir une part quelconque, quelque faible qu'elle soit, du capital de roulement et dont le quantum proportionnel serait fixé par une loi, afin de donner la plus grande dose de sécurité possible au gouvernement et lui laisser une part quelconque de leurs bénéfices, soit 5 ou 10 p. o/o, pour parer aux pertes qu'il pourrait être exposé à subir, et aussi pour une surveillance administrative qui serait indispensable.

Un gouvernement républicain ne peut se refuser de faire pour tous les travailleurs en général ce que le gouvernement de la monarchie de juillet a fait pour quelques-uns en particulier.

Il y a en France environ deux cent mille employés : gardes-forestiers, douaniers, employés des postes et télégraphes, professeurs, instituteurs, cantonniers et gendarmes, etc., dont les salaires sont au-dessous de 2,000 francs, et la moyenne d'à peu près 1,000 fr. ; ensemble . . . 200,000,000^f

Dépense pour les travaux publics,
  y compris la construction par l'Etat
  des projets des nouveaux chemins
  de fer. . . . . 400,000,000^f

Total. . . . . 600,000,000^f

L'augmentation de 5 p. o/o à attribuer à tous ces employés et à tous ces travaux produirait alors une dépense annuelle supplémentaire de 30,000,000 de francs.

Est-ce possible avec un accroissement de budget des recettes de 120 à 150,000,000.

Le phénomène de la production et de la consommation étant encore loin d'être compris aussi bien par nos gouvernants que par les simples mortels, chacun s'effraie d'entendre parler d'augmenter les salaires. Personne n'achètera plus rien, personne ne fera plus rien faire, la société marchera fatalement à l'anarchie, à la ruine ! Voilà l'énorme balourdise que ne cessent de répéter, à tout propos, les ennemis inconscients ou non des moindres progrès, çar, c'est le contraire qui a toujours eu lieu jusqu'alors ; plus les salaires se sont élevés, plus il y a eu de travail, plus la richesse s'est développée.

Nous affirmons donc, avec toute la force d'une conviction profonde, irréfutable, que c'est la cause la plus considérable de l'accroissement de la richesse, elle entre au moins pour les 9/10 dans l'action de cet accroissement. En effet, si les classes malheureuses reçoivent une plus grande rémunération de leurs labeurs, comme elles subissent généralement de grandes privations dans tout le cours de leur existence, aussitôt qu'elles le peuvent, elles augmentent leur consommation ; presque tout leur supplément de salaire y passe forcément, la consommation ayant augmenté, la production de l'année suivante, par conséquent la richesse s'accroît dans cette proportion, car la richesse d'un pays n'est autre chose que la somme de ses productions. Que si, au contraire, les salaires restent stationnaires ou ne s'accroissent pas dans une proportion rationnelle, nécessaire, tous les progrès ne profitent guère qu'aux classes aisées, aux classes riches dont tous les besoins sont satisfaits ; elles n'ont pas besoin d'augmenter et elles n'augmentent pas d'abord ou peu leur consommation ; elles économisent, attendant des placements fructueux : c'est une force de production immobilisée au moins pendant un certain laps de temps. C'est ainsi que les crises de toutes sortes naissent, grandissent, s'amoncellent et finissent par produire des effets désastreux.

Ainsi donc, tous les travailleurs sans exception aucune sont intéressés à l'accroissement des salaires, aussi bien le plus grand financier que le plus humble des manœuvres, par cette simple raison que, plus la consommation sera grande, plus il se fera d'affaires de transactions.

Il n'y a pas de progrès au monde qui ne lèse au moins momentanément quelque classe de la société ; quand la charrue Dombasle remplace celle qui la précède, quand la faux remplace la faucille, quand les faucheuses et moissonneuses mécaniques remplacent la faux, quand les chemins de fer forcent les entreprises de transports par voie de terre d'abandonner leur industrie, tous ceux qui manient, qui dirigent ou qui fabriquent les premiers instruments sont obligés de chercher d'un autre côté leurs moyens d'existence, s'ils ne sont pas aptes à s'immiscer dans la fabrication des nouveaux engins de production ou à les diriger ; mais alors même que tous auraient les capacités nécessaires, comme il y a dans les inventions nouvelles économie de bras pour le travail (sans cela ces inventions n'auraient pas de raison d'être), il y a toujours nécessité pour une partie des travailleurs éliminés d'aller demander ailleurs l'occupation de leurs facultés, et puis il se crée de nouvelles industries

qui apportent un nouveau bien-être à la société ;
c'est la loi du progrès.

Dans cette occurrence, l'augmentation des salaires, ce n'est pas le travailleur, à quelque degré de
l'échelle sociale qu'il appartienne qui est lésé,
c'est le rentier, celui qui en général a ses moyens
d'existence assurés pour la vie entière ; son bien-
être diminuera un peu, cela est inévitable, mais
pas dans de telles proportions, qu'il ne soit toujours
à l'abri du besoin ; et d'ailleurs, dans le cours de sa
vie, n'a-t-il pas profité de tous les progrès, de toutes
les innovations qui ont été apportés dans toutes les
industries ? et ne profitera-t-il pas encore de ceux
qui se feront indubitablement par la suite ?

Le spectacle qui se produit aujourd'hui en Europe
va forcer tous les gouvernements, même les plus
réactionnaires, à appliquer les remèdes que nous
indiquons là, sous peine, d'ici à un très petit nombre d'années, d'une profonde perturbation. Partout
la production a été poussée à outrance, sans qu'on
ait eu le temps de se rendre compte si la consommation pouvait suivre la même progression ; l'outillage s'est tellement perfectionné que, dans certaines
industries, avec un personnel moindre de moitié on
arrive à une production supérieure ; de là l'encom-
brement forcé des marchandises de toutes sortes et
par suite les crises périodiques qui se succèdent si
rapidement qu'elles sont à l'heure actuelle l'état
normal de la société. Il est temps, grandement

temps de trouver des débouchés suffisants à cette immense pléthore dont est atteinte la société toute entière, et cela n'est possible que par l'augmentation de la rémunération du travail.

RÉSUMÉ

Exigence de la part des électeurs envers leurs mandataires, de faire une loi qui invite le gouvernement à augmenter de 4 à 5 p. o/o par an (jusqu'à preuve d'impossibilité) le salaire de tous les employés de l'État, et celui des travailleurs des compagnies qu'il subventionne, dont le salaire est inférieur à deux mille francs, et cela pour un travail de journée, de mois ou d'année complets.

Également pour tous les travaux que l'État, les départements et les communes auront dorénavant à faire exécuter, augmentation de 4 à 5 p. o/o par an, afin que les entrepreneurs de ces travaux augmentent de 4 à 5 p. o/o la rémunération de ceux qui travaillent à leur service, jusqu'à ce qu'il soit reconnu par la nation, représentée par ses députés, que ces salaires sont suffisamment rémunérateurs.

Prêts par l'État ou par des banques quelconques sous sa responsabilité et dans la plus grande proportion possible, à toute société de travailleurs dont la composition et l'organisation présenteront de sérieuses garanties de succès, de sommes néces-

saires à l'établissement et au fonctionnement d'industries dirigées et exploitées par eux et à leur
profit ; et afin qu'il n'y ait pas de privilèges pour
aucune classe de la société (la démocratie ne devant
en vouloir pour qui que ce soit, pas plus pour les
travailleurs manuels que pour les capitalistes),
toutes les industries qui actuellement sont dirigées
et exploitées par ces derniers, devront jouir des
mêmes avantages de la part de l'État, à la condition
qu'ils s'associeront leurs ouvriers, et que ces
industries seront dans les conditions de sécurité
indiquées ci-dessus.

LAMBERT J.-Bte.